LA

RÉPUBLIQUE

PARIS. — IMPRIMERIE DE E. MARTINET, RUE MIGNON, 2.

LA
RÉPUBLIQUE

PAR

FÉLIX OGER

PARIS

GERMER BAILLIÈRE, LIBRAIRE-ÉDITEUR

RUE DE L'ÉCOLE-DE-MÉDECINE, 17

1871

LA RÉPUBLIQUE

LES TROIS RÉPUBLIQUES (1)

I

Dans l'espace de trois quarts de siècle, la France a expérimenté et usé toutes les formes du gouvernement monarchique. Le despotisme impérial et la royauté parlementaire ont fait l'un et l'autre deux fois leurs preuves pendant une durée moyenne qui ne dépasse guère quinze ans. La République a-t-elle fait les siennes? La France en a-t-elle véritablement fait l'essai? Cette forme de gouvernement a-t-elle jamais existé dans des conditions normales qui permettent de porter sur elle un jugement définitif, comme on est

(1) Article publié dans l'*Union libérale et démocratique de Seine-et-Oise*, du 23 avril.

autorisé à le faire pour les autres régimes, qui, malgré leur courte existence, ont assez duré et assez régulièrement fonctionné pour que l'expérience en puisse paraître concluante? Les partisans de la monarchie, à qui l'on objecte la fragilité des établissements dynastiques qui se sont succédé depuis le commencement du siècle, ne manquent pas de rétorquer triomphalement l'objection contre la République elle-même, qui, trois fois en possession du pouvoir, n'a guère fourni en tout qu'une carrière de dix années. Il y a là un sophisme dont l'histoire elle-même fait justice.

II

La République a été proclamée, il est vrai, une première fois, le 21 septembre 1792, une deuxième fois, le 24 février 1848, une troisième fois, le 4 septembre 1870.

La République de 1792, fondée au fort de la crise qui marqua la fin de l'ancien régime, et au début de la lutte que la Révolution eut à soutenir contre la vieille Europe monarchique et féodale, n'a été et ne pouvait être qu'une dictature, et la Constitution républicaine de 93 a dû être suspendue aussitôt que votée. Abolie en 1795 par la réaction thermidorienne, sans avoir jamais été en vigueur, elle a été remplacée par la Constitution de l'an III, qui, en divisant trop le pouvoir, a laissé le Directoire sans force contre les partis et à la merci du premier général ambitieux. Mais, sans s'arrêter aux vices de cette Constitution, le gouvernement directorial s'est-il trouvé, pendant les quatre années de son existence, dans des conditions qui permettent de juger un principe politique par le fonctionnement des institutions sur lesquelles il s'appuie? En d'autres termes, ce premier essai d'organisation républicaine s'est-il accompli dans des conditions normales? Au fond, la situation générale ne différait guère de celle qui avait produit la dictature de la Convention. Au dedans, les vaincus du 14 juillet et du 13 vendémiaire, ceux du 10 août, ceux du 9 thermidor, royalistes, constitutionnels et jacobins, donnaient à tour de rôle l'assaut au gouvernement, et la défaite d'un parti ne faisait qu'enhardir les entreprises d'un autre. Au dehors, les traités de Bâle n'avaient dissous qu'en partie la coalition, et la paix de Campo-Formio ne fut qu'une trêve. C'étaient les mêmes luttes qu'en 93, sans la Terreur pour contenir les factions et décréter la victoire. Ainsi, le Directoire, qui a voulu être, au sortir d'une dictature orageuse, un ordre de choses légal sous la forme républicaine, n'a été, en réalité, que la continuation moins violente de la crise révolutionnaire arrivée à ce point où la lassitude, née de longues agitations, favorisait toute entreprise de pacification intérieure, soit par la liberté sagement organisée, soit par l'autorité fortement constituée. Le terrain semblait préparé pour un Washington ou pour un Bonaparte. Malheureusement, au lieu d'un grand citoyen, il ne s'est trouvé à ce moment décisif qu'un soldat ambitieux qui, associant sa gloire à des intrigues de parti, commit l'attentat du 18 brumaire.

III

Franchissons l'intervalle qui nous sépare de la République de 1848. C'est un demi-siècle, pendant lequel la monarchie s'est essayée sous toutes les formes : l'Empire avec le despotisme militaire, la Restauration avec ses préjugés de l'ancien régime, dont la noblesse et le clergé s'obstinaient à rêver le retour ; la Royauté de juillet avec la domination égoïste de la bourgeoisie. Deux invasions, deux révolutions, deux partis nouveaux, et, germe de divisions plus graves, l'antagonisme de la classe moyenne et de la classe populaire, né sous l'empire d'un système économique trop exclusivement favorable aux intérêts de la première, et, par suite, nos dissentiments politiques compliqués de questions de réforme sociale, tels furent les résultats de ces trois essais monarchiques. La République de

1848 s'est trouvée à la fois aux prises avec l'hostilité des anciens partis coalisés contre elle, et en présence des terreurs irréfléchies de la bourgeoisie et des impatiences téméraires du peuple. Son existence tourmentée est exactement renfermée entre le 24 février et les journées de juin, d'où est sortie, par la connivence de la réaction, la fatale élection du 10 décembre.

Que dire des deux années qui suivirent jusqu'au 2 décembre ? Et quel nom donner à ce gouvernement d'un président et d'une Assemblée en état permanent de conspiration contre l'ordre politique en vertu duquel ils existaient ? D'abord ils s'entendirent pour discréditer la Constitution républicaine en la violant par l'expédition de Rome et par la loi du 31 mai. La République française, déshonorée à l'extérieur par l'assassinat de la République romaine, et mutilée à l'intérieur par l'épuration du suffrage universel, n'existait plus que de nom. La succession était ouverte. Qui allait la recueillir ? C'est là que la conspiration clérico-monarchique allait rencontrer sa pierre d'achoppement. La coalition s'y brisa. Ils étaient trois, sans compter la fusion. Chacun courut à son drapeau. Les légitimistes renouvelèrent, à Wiesbaden, le pèlerinage de Belgrave-Square; les orléanistes portèrent leurs espérances à Claremont; pendant ce temps, Bonaparte courait la province et promenait sa candidature impériale de Lyon à Cherbourg et du camp de Saint-Maur au camp de Satory. Et la France, affolée de peur, ne voulut voir, à travers ce misérable imbroglio d'intrigues dynastiques, où se jouaient ses destinées, que le spectre rouge, et, pendant que son imagination était hantée par ce fantôme, la bande de l'Élysée préparait dans l'ombre le guet-apens de Décembre. L'homme de Strasbourg et de Boulogne se proclama le sauveur de la France en la prenant à la gorge, et rétablit le suffrage universel, pour en faire, entre les mains de ses préfets, un complice de son usurpation et un *instrument de règne*. On connaît les suites. La journée de Sedan, suivie de l'effrondrement immédiat de l'édifice impérial, éclaire d'une lueur sinistre ce règne de vingt ans commencé dans la nuit du 2 décembre. Ces deux dates néfastes résument l'histoire du second Empire : inauguré par le crime, il finit dans la honte.

IV

La République ramassa dans le sang et dans la boue le gouvernement de la France. Mais elle n'était pas le mot d'ordre de la révolution du 4 septembre. Cette révolution s'est accomplie surtout au cri de *déchéance*, sorti comme une explosion de colère de toutes les poitrines. Les hommes qui prirent alors le pouvoir n'avaient pas plus la prétention qu'ils n'avaient la mission de fonder la République. Leur rôle se bornait à organiser la lutte contre l'invasion étrangère. Et ils comprenaient si bien que c'était là leur unique mandat qu'ils eussent voulu n'arborer sur les ruines de l'Empire d'autre drapeau que celui de la défense nationale, à laquelle leur gouvernement empruntait à la fois son nom et sa légitimité. Sous ce drapeau devaient accourir et combattre tous les Français, confondus dans l'accomplissement d'un même devoir patriotique, sans distinction de parti. L'union était une nécessité de salut public. Devant l'immense danger de la patrie, il importait d'écarter tout ce qui pouvait diviser. En outre, faire porter à la République, au lendemain de Sedan, le poids de la succession des désastres de l'Empire, n'était-ce pas lui faire courir le risque redoutable d'en partager la responsabilité, et l'exposer, pour n'avoir pas réussi à les réparer, à être enveloppée dans la réprobation du régime qui les avait attirés sur le pays? L'intérêt même de la cause républicaine conseillait donc d'en ajourner l'avénement. Mais le peuple ne s'arrête pas aux subtilités des politiques ; il ne prend son mot d'ordre que dans ses aspirations. D'ailleurs, devant l'invasion prussienne s'avançant vers l'Argonne, comment ne se serait-il pas souvenu de 92? Et voilà comment la République a été acclamée par l'instinct populaire dans la journée du 4 septembre.

Est-ce à dire que depuis cette date elle ait été le gouvernement de la France? Non, certes, à moins qu'on ne veuille bien se laisser prendre à l'illusion d'un mot. Ce que la France a accepté ce jour-là, ce que Paris a confirmé par le vote du 3 novembre, c'est une véritable dictature, je veux dire un pouvoir sans limites définies, usant ou pouvant user discrétionnairement de tous les moyens, de toutes les ressources nécessaires à l'accomplissement du mandat qu'il s'était lui-même donné. Les hommes investis de cette puissance consultèrent sans doute plus leur patriotisme que leurs forces, et assumèrent une redoutable responsabilité qu'il eût mieux valu transmettre à une Assemblée nationale convoquée dans le plus bref délai. Quoi qu'il en soit, mettre nos derniers revers sur le compte de la République, parce que la députation républicaine de Paris se constitua en gouvernement de la défense nationale serait aussi absurde qu'injuste. Pendant les cinq mois que dura ce gouvernement, la République n'a existé ni en fait ni en droit. Elle est donc hors de cause.

Elle n'a reçu un commencement d'existence que par le titre conféré au chef actuel du pouvoir exécutif. L'Assemblée de Bordeaux l'a ainsi implicitement reconnue. Mais, aussi longtemps qu'elle n'aura pas été solennellement proclamée, elle ne sera, sous une forme plus régulière, plus légale, que la continuation d'un ordre de choses provisoire. C'est encore la dictature, exercée non plus par quelques hommes, mais par une Assemblée souveraine. Pendant que la majorité de cette

Assemblée, monarchique par goût, républicaine peut-être par raison, hésite à se prononcer, l'insurrection parisienne prétend trancher la question en ressuscitant, sous couleur de revendication des franchises municipales, la Commune qui les a détruites. Au nom du progrès, elle amagalme les systèmes les plus contradictoires d'un passé aussi mal compris que servilement imité; au nom de la liberté, elle remet en vigueur les procédés du jacobinisme et du césarisme, deux aspects d'une seule et même chose, qui s'appelle la tyrannie; au nom du patriotisme et comme protestation contre la capitulation, elle allume la guerre civile sous les yeux de nos envahisseurs, déchire la France toute meurtrie de ses désastres d'hier, et tend à la morcele en municipalités souveraines pour consommer l'œuvre de son démembrement. La République ne reconnaît pas comme son drapeau l'étendard équivoque de cette démagogie cosmopolite, que les Cluseret et les Dombrowski poussent au combat. Loin qu'elle doive être compromise par l'aventure du 18 mars, elle apparaît comme le seul gouvernement qui soit assez légitime pour ne laisser de doute dans aucun esprit sur le caractère criminel d'une pareille tentative, assez fort pour la réprimer. La question n'est pas de décider si elle est au-dessus du suffrage universel, ou si une délégation héréditaire du pouvoir peut émaner légitimement de la volonté nationale. Le temps n'est pas aux arguties byzantines. Laissons-là la métaphysique : interrogeons l'histoire : elle nous montre une succession d'essais monarchiques qui sont autant d'avortements, comme si la Révolution, infatigable dans la poursuite de son but, ne devait s'arrêter qu'après avoir mis la France en possession d'elle-même par l'établissement définitif du gouvernement du pays par le pays.

LA RÉPUBLIQUE ET LES PARTIS (1)

Chacun des gouvernements monarchiques qui se sont succédé depuis le commencement du siècle a laissé derrière lui, en tombant, des souvenirs, des convictions ou des intérêts, en un mot, tout ce qui attache les hommes à une forme politique et les constitue en parti. Le premier Empire, par son prestige militaire et ses airs d'épopée, a fait oublier à la masse le crime de son origine, le despotisme de son gouvernement et les désastres de sa double chute. La fidélité au nom du conquérant parut une protestation patriotique contre des traités où l'humiliation nationale était confondue avec la déchéance de sa race. La *légende* napoléonienne, ravivée par des chansons populaires, suscita le *parti bonapartiste*.

La Restauration trouva dans la noblesse et le clergé

(1) Article publié dans le journal *la Cloche*, du 8 et du 9 juin.

un parti tout constitué, pour qui M. de Talleyrand inventa le principe de la *légitimité,* érigé en article de foi. La royauté traditionnelle devint une religion et conserva ses croyants après que la révolution de 1830 eut démontré que les dogmes politiques finissent comme les autres.

La Royauté de juillet, créée par une majorité parlementaire issue du suffrage restreint, ne fut qu'un compromis entre le droit dynastique, dont elle rompait la tradition, et la souveraineté nationale, dont elle n'était qu'un simulacre. Sans principe propre, elle s'appuya sur des intérêts, et elle laissa les illusions et les regrets d'une prospérité matérielle précaire comme l'ordre politique sur lequel elle reposait. Toutefois, il faut le reconnaître, ces regrets et ces illusions ne se renfermèrent pas dans les limites du *pays légal* où s'était cantonnée la royauté censitaire. L'institution de 1830, susceptible de développement, mais faussée par l'entêtement doctrinaire, qui l'immobilisa, parut encore la *meilleure des Républiques* à bien des libéraux qui, de la République, craignaient surtout le nom, mais qui ne répugnaient pas à un système électoral plus large même que celui de l'opposition dynastique de 1847. En un mot, tous ceux qui, en dépit des enseignements du passé, ne trouvaient de garantie de stabilité que dans la forme monarchique, et qui y restaient attachés par esprit de conservation, parce qu'ils y voyaient la sauvegarde de l'ordre social auquel étaient liés leurs interêts, formèrent le *parti orléaniste.*

C'est sous les efforts de ces trois partis coalisés que succomba la République de 1848. La République de 1870 les retrouve-t-elle dans les mêmes conditions, et a-t-elle à redouter de leur part le même concert d'hostilités? C'est ce que nous allons essayer de rechercher.

II

Et d'abord, parmi ces partis, il en est un que la pudeur nationale défend presque de nommer : c'est le parti qui porte au front la double flétrissure de Décembre et de Sedan. Il répugne de croire qu'il en reste autre chose que quelques complices, et ce serait faire injure à la France de redouter pour elle la suprême humiliation d'un *retour de Wilhelmshœhe.*

Que représente d'ailleurs ce nom, qu'on ne peut plus écrire ni prononcer sans que la rougeur de la honte et de la colère monte au visage? Dans le passé, il ne rappelle qu'usurpation, invasion, amoindrissement et ruine de la France. Dans l'avenir, quel principe d'ordre apporterait-il à la réorganisation du pays? La liberté? Mais nous avons vu, par le ministère soi-disant parlementaire du 2 janvier, ce que produit son accouplement monstrueux avec le césarisme. L'autorité? Mais quelque vigueur qu'elle déploie, il n'y a pas d'autorité sans prestige, et quel prestige peut rester désormais à l'homme de Sedan et à sa race? Il a énervé le despotisme en le déshonorant.

La France, d'ailleurs, a manifesté son sentiment d'une manière non équivoque. Les élections de février, en n'envoyant à l'Assemblée qu'une infime minorité bonapartiste, ont ratifié l'arrêt de déchéance du 4 septembre. Le spectre du bonapartisme s'agitera encore dans l'ombre, comme il fait en ce moment; avec les millions emportés de France il soudoiera encore des dévouements mercenaires et des journalistes à gages; on surprendra encore sa main sanglante dans nos discordes; en un mot, il existera encore à l'état de bande occulte : comme parti il a cessé d'être (1).

III

Les élections de février ont paru témoigner d'une certaine vitalité de l'opinion royaliste dans le pays. Mais, d'abord, il convient de considérer que cette opi-

(1) Ce jugement vient de recevoir une éclatante confirmation des élections complémentaires du 2 juillet, où le bonapartisme, représenté par ses chefs d'emploi, a misérablement échoué à Paris et dans les départements : le scrutin du 8 février était une défaite, celui du 2 juillet est une déroute.

nion est représentée par deux partis qui subsistent avec leurs physionomies distinctes et leurs aspirations différentes, en dépit de toutes les fusions dynastiques. D'autre part, on ne doit pas oublier sous l'empire de quelle préoccupation les élections se sont faites. La question de guerre ou de paix dominait toutes les autres, même celle de la future constitution de la France. En présence de la désorganisation de nos forces et des ravages de l'invasion, une résistance prolongée paraissait à la majorité de la nation impossible ou désastreuse. La paix s'imposait presque au patriotisme même pour épargner au pays de nouveaux revers et de plus dures conditions. Or, bien que les légitimistes et les orléanistes eussent fait patriotiquement leur devoir pendant la guerre, n'ayant pas, comme le parti républicain, assumé la responsabilité de la continuer après Sedan, ils devaient paraître moins disposés à la poursuivre, au besoin, à outrance.

Quelle part d'influence convient-il de faire à cette considération dans les élections de février? Il serait difficile, et je n'essayerai pas de la déterminer. Ce que l'on peut affirmer sans témérité, c'est que, dans la pensée de la plus grande partie des électeurs, le mandat conféré à l'Assemblée était un mandat de paix bien plus que de reconstruction politique ; il était diplomatique plutôt que constituant.

La majorité elle-même semble l'avoir compris.

Quelque idée qu'elle se fasse de la souveraineté législative, elle n'a pas montré jusqu'à présent une trop grande impatience à aborder la question constitutionnelle. Ses enfants terribles regimbent bien un peu contre le frein républicain que leur impose provisoirement l'habile et prudent chef du pouvoir exécutif, mais ils se contentent de faire leurs réserves.

Faut-il ne voir dans cette attitude qu'une concession aux graves circonstances du moment, un simple ajournement de débats irritants, dont le danger serait trop évident dans la situation actuelle? La majorité a-t-elle subi seulement la République pour ne pas permettre à l'insurrection parisienne de se couvrir du prétexte de la sauver, et pour ne pas jeter dans nos dissenssions de nouveaux ferments de discorde? Mais si elle a montré en cela plus de prudence et de patriotisme que les prétendants, ne peut-on pas supposer aussi qu'elle ne partage pas leurs illusions?

Nous l'avons déjà dit : sans tenir compte de l'élément bonapartiste, elle se compose de deux fractions qui peuvent avoir aussi peu de goût l'une que l'autre pour la forme républicaine, mais dont les sympathies ne sont pas acquises à la même restauration dynastique. Des prétendants de même maison peuvent mettre en oubli leurs querelles de famille; l'accord établi entre eux par les entrepreneurs de fusion n'efface pas les dissentiments de leurs partis. Chacun de ceux-ci restant attaché à ses traditions, à ses tendances, une solution monarchique au profit de l'un ou de l'autre ne constituerait, en réalité, qu'une royauté de parti qui s'appuierait sur une minorité. Une restauration dans ces conditions ne serait qu'une halte dans la Révolution.

IV

Quelle que soit la fidélité chevaleresque des légitimistes au chef de la maison Bourbon, on peut présumer du patriotisme du plus grand nombre qu'ils hésiteraient à sacrifier à leur idéal politique le repos dont la France a tant besoin pour se relever. S'il y a parmi eux des *ultras* dont la ferveur royaliste ne compte pas avec l'histoire, il s'y trouve aussi des *politiques* qui ne regardent pas comme de simples accidents de notre vie nationale la révolution qui a détrôné le droit divin et celle qui a proclamé la souveraineté du peuple. Ceux ci ne peuvent se dissimuler ni la difficulté de concilier deux principes absolument contradictoires, ni le danger de les mettre en présence.

Le manifeste de M. le comte de Chambord ne peut leur laisser à cet égard aucun doute. Rien n'y ressemble au charlatanisme d'un aventurier qui vient nuitamment envahir le prétendu héritage « d'un oncle mort aux colonies. » Il est d'une franchise, d'une loyauté dignes d'un prétendant de bonne maison. Le chef des Bourbons parle comme le plus majestueux de ses ancêtres. Louis XIV disait : « L'État, c'est moi. » M. le comte de Chambord répète avec une imperceptible variante : « Le Droit, c'est moi. » Ni équivoque, ni concessions. Un droit peut composer ; le Droit ne transige pas ; on ne lui fait pas sa part ; et il ne peut se la faire lui-même sans cesser d'être. La souveraineté qui en émane est une ; elle réside tout entière dans le Prince. Louis XVIII datait son règne de 1795. D'un trait de plume, il biffait vingt années de notre histoire. M. le comte de Chambord n'a sans doute pas cette bizarre fantaisie de s'attribuer une royauté *in partibus* dans sa retraite de Froshdorf. Mais, à cela près, son manifeste pourrait être daté du jour de l'abdication de Charles X, et contresigné par M. de Polignac ou M. de Villèle.

Que nous apporte-t-il en effet ? D'abord une affirmation hautaine du droit divin. Ainsi, la France aura fait depuis vingt-trois ans le pénible apprentissage de sa souveraineté ; dans les épreuves qu'un gouvernement usurpateur lui a fait traverser, M. le comte de Chambord ne voit que l'expiation de l'usurpation nationale sur son propre droit, et il apparaît comme pour apaiser la colère céleste et guérir nos maux en reprenant son bien. La religion sera son auxiliaire. Nous nous en doutions bien. Le trône de l'héritier de Charles X est inséparable de l'autel. On verra renaître le bon temps de l'abbé de Frayssinous. Mais qu'est-ce donc que le fils aîné légitime de l'Église fera de plus pour elle que n'a fait ce fils bâtard qui a rétabli Pie IX, monté la garde au Vatican pendant vingt ans, livré l'enseignement au clergé et laissé pulluler les congrégations ? On tremble d'y songer. Car enfin, que veulent dire ces mots du manifeste : « Je ne ramène que la religion? » Elle est donc exilée, opprimée, persécutée ? Si l'on excepte cette grotesque et odieuse parodie de l'hébertisme, dont la Commune vient de donner le lugubre spectacle, quand donc, depuis plus de vingt ans, la religion a-t-elle eu à gémir sur la dureté des temps? Si elle a été, çà et là, en coquetterie avec César, n'a-t-elle pas accepté des siéges au Sénat et prêché les candidatures officielles? Et, depuis le 4 septembre, a-t-elle eu à déplorer autre chose que la perte du traitement des sénateurs à chapeau rouge mis en disponibilité ? En vérité il ne manquait à ses prospérités qu'un peu de martyre, et les gens de la Commune, avec leur admirable sens politique, n'ont pas voulu qu'elle fût privée de cette grâce suprême. Encore un coup, quelles prérogatives, quelles libertés nouvelles le prince apportera-t-il à l'Église? Je ne sais ; mais à voir par quels moyens tous ces revenants, ceux de l'ancien régime comme ceux de 93, prétendent nous sauver, après les certificats de civisme on peut bien s'attendre aux billets de confession.

Voilà donc les idées neuves et les grandes vues d'avenir que la royauté traditionnelle apporte pour « travailler à la régénération du pays et donner l'essor à toutes les aspirations légitimes. » Nous connaissions son programme; mais il était bon que la France de 1871 apprît, du représentant même de la légitimité, comment entend travailler à sa régénération cette dynastie que M. Thiers déclarait, dès 1833, étrangère au pays, « non pas depuis vingt ans, mais depuis plus d'un siècle; » cette dynastie à qui vainement « quinze années ont été données pour rentrer dans nos mœurs, dans notre esprit, pour se rapatrier en quelque sorte avec nous. » Elle est aujourd'hui ce qu'elle était il y a quarante ans. La monarchie traditionnelle s'immobilise dans la contemplation du passé; la France marche les regards fixés sur l'avenir : nous espérons qu'elles continueront de se tourner le dos.

V

« Ce que je demande, dit M. le comte de Chambord, c'est, à la tête de toute la maison de France, de présider à ses destinées. » Cette phrase n'est pas d'une clarté parfaite. Aucuns y ont vu la fusion à l'état de fait accompli, d'autres à l'état d'espérance ou de vœu (1). Il n'importe. Mettons qu'elle soit faite, ou que les négociations soient assez avancées pour promettre une solution prochaine. Voilà vingt ans et plus qu'on y travaille : *Tantæ molis erat!* Que sera-t-elle après tout ? Une entente entre les compétitions rivales des membres d'une dynastie qui confondent désormais leurs prétentions. C'est une affaire de famille. La branche cadette abdique et reprend sa place hiérarchique dans l'ordre traditionnel de la succession à la couronne. Les princes d'Orléans font amende honorable pour la mémoire de leur père et de leur aïeul et viennent s'asseoir au pied du trône de Henri V, remis en possession de son héritage usurpé par le chef de leur maison. Il répugne d'admettre un pareil dénouement de l'intrigue royaliste.

Quoi qu'il en soit de cette transaction dynastique, la question monarchique en serait sans doute simplifiée, mais non au profit de la monarchie : il n'y aurait qu'un prétendant de moins; mais les idées, les

(1) Le nouveau manifeste de M. le comte de Chambord, daté du 5 juillet, ne laisse plus de place au doute. Le prince lui-même, avec une franchise d'honnête homme, a pris soin de dissiper tout malentendu. Loin de consentir à transiger avec les héritiers de la royauté révolutionnaire de 1830, il répudie même la Révolution de 1789, œuvre «d'une minorité révoltée contre les vœux du pays», et, comme pour mieux marquer le divorce de la royauté traditionnelle avec la France nouvelle, il déclare que «Henri V ne peut abandonner le *drapeau blanc* de Henri IV.»

intérêts qui se rattachaient à son nom, conserveraient tout leur empire. La royauté de Louis-Philippe, tout en ne tenant du vote des 221 qu'un simulacre de consécration nationale, n'en était pas moins en harmonie avec l'état général des esprits d'une partie considérable de la nation. Elle répondait à une évolution de l'idée politique de notre pays. Elle a marqué une phase de la Révolution entre la monarchie du droit divin, définitivement condamnée, et la République, dont l'heure n'était pas arrivée. C'est là son titre historique. Par son origine, elle consommait la rupture avec l'ancien régime, et par le développement de son principe elle faisait participer la France, dans une mesure de plus en plus large, à son propre gouvernement. Telles étaient les espérances ou les illusions de Lafayette, de Dupont (de l'Eure) et de Laffitte. La classe moyenne les a partagées. Elle voyait dans le règne du roi bourgeois sa propre domination. Une partie formait le *pays légal;* l'autre espérait y trouver place par le progrès des nouvelles institutions. Elle acclamait la réforme, en 1848, comme un développement pacifique de ces institutions. Toutefois l'opposition du gouvernement de Louis-Philippe à l'extension du droit de suffrage ne suffit pas à expliquer l'indifférence avec laquelle la bourgeoisie le laissa tomber. Cette révolution, si facilement accomplie qu'elle parut une surprise, était la conséquence logique de la politique doctrinaire. Les hommes à qui Louis-Philippe avait livré les destinées de sa dynastie, dans les dernières années de son règne, tendaient à ramener la royauté de Juillet dans les voies de la Restauration. C'était, pour ainsi dire, désavouer, renier son origine. Rien ne contribua davantage à lui aliéner la bourgeoisie, qu'un abîme creusé par deux révolutions séparait sans retour de la monarchie traditionnelle. Comment supposer qu'elle appuierait aujourd'hui une combinaison dynastique qui ramènerait purement et simplement cette monarchie avec son droit mystique et ses préjugés d'ancien régime? Le manifeste de M. le comte de Chambord, en devenant le programme politique des deux branches réunies, n'aura d'autre effet que de scinder le parti orléaniste. Une portion se ralliera peut-être à la royauté de la fusion; mais on peut affirmer que le plus grand nombre cherchera ailleurs le salut du pays. Ceux-ci comprendront qu'au milieu des épreuves que nous subissons, le passé doit être pour nous non un refuge, mais un enseignement; qu'il faut y chercher, non le remède, mais la cause de nos malheurs; enfin que la France, après avoir essayé de tant de sauveurs, doit songer à se sauver elle-même.

VI

Ainsi, pris dans son ensemble, le parti royaliste se compose de deux minorités. La fusion, qui aurait pour effet inévitable de désagréger l'une d'elles et probablement l'une et l'autre, lui donnerait l'unité sans ajouter beaucoup à sa force. Accomplie sur le terrain de la légitimité, elle ne rallierait qu'une fraction des orléanistes; sur le terrain de l'orléanisme, elle éloignerait la partie intraitable, les *purs* de la légitimité. Or, il y a peu d'apparence que les dissidents des deux camps iraient renforcer le bonapartisme, qui ne représente désormais qu'une forme discréditée de la monarchie. Poser la question constitutionnelle entre le principe monarchique et le principe républicain, comme on le fait quelquefois, même en la supposant décidée en faveur du premier, ce n'est pas la résoudre, mais simplement la déplacer. C'est entre la République et telle ou telle forme monarchique qu'elle doit se poser. Or, mise en balance avec la royauté de la branche aînée, ou avec celle de la branche cadette, ou même avec celle des deux branches réunies, la République aurait l'avantage du nombre.

Les récentes élections municipales ne laissent guère de doute à cet égard. Elles sont un indice remarquable de l'état des esprits et des progrès de l'opinion républicaine dans le pays (1). Faites après la signature de la paix et au fort de l'insurrection parisienne, elles empruntent à cette double circonstance une haute signification : d'une part, elles ont un caractère plus politique que les élections législatives de février, dont l'objet principal était de faire ratifier par le pays les préliminaires du 28 janvier ; d'autre part, en dépit des folies criminelles de la Commune, elles ont affirmé la République, la dégageant ainsi de toute solidarité avec la démagogie césarienne, qui venait de s'emparer de Paris. Tel est en effet le véritable caractère des bandes qui formaient l'armée de la Commune. La France ne s'y est pas trompée. Elle a montré qu'elle ne confond pas avec la République cette prétendue démocratie dont la domination a commencé par le coup de force du 18 mars, digne du 2 Décembre, s'est affermie par la fusillade de la place Vendôme en tout semblable à celle du boulevard Bonne-Nouvelle,

(1) Les élections du 2 juillet sont, dans le même sens, bien autrement significatives encore. La question, cette fois, était nettement posée entre la République et la Monarchie. Or, sur les 113 représentants nouvellement élus, plus de 100 appartiennent à l'opinion républicaine, et, chose bien remarquable, Paris, habitué à marcher en avant et d'un tel pas que la province avait peine à suivre, a été, cette fois, distancé par les départements qui, sur 92 députés à élire, n'ont envoyé que 5 ou 6 monarchistes, dont 1 bonapartiste.

a cherché à se faire absoudre par des élections aussi libres que le vote plébiscitaire par lequel l'homme de Décembre, sorti de la « légalité, » est rentré dans e « droit, » s'est exercée par un despotisme dont les procédés étaient empruntés à l'Empire, enfin s'est écroulée à la lueur sinistre d'incendies renouvelés d'une fantaisie césarienne do l'ancienne Rome. Ainsi tout est impérial dans la lugubre histoire de la Commune : elle a commencé comme Bonaparte, elle a fini par un attentat imité de Néron. Ses excès pourront être exploités par la réaction ; mais sa défaite ne profitera en définitive qu'à la République.

Trop longtemps elle a servi d'enseigne à je ne sais combien de systèmes usés, discrédités, contradictoires, impraticables, étrangers ou contraires à ses principes. Le jacobinisme, le fédéralisme, le cosmopolitisme de l'*Internationale*, associés aux plus mauvaises passions et aux instincts les plus sauvages, en arborant enfin leur propre drapeau, ont dégagé le sien. La République, qui est le symbole de la liberté, de l'unité nationale, du patriotisme, n'a rien de commun avec des doctrines qui tendent à l'établissement du despotisme démagogique, au morcellement de la France en communes souveraines, et à la négation de l'idée de patrie. Au lendemain de nos discordes et en présence des compétitions dynastiques qui menacent de les renouveler, elle apparaît comme le régime qui non-seulement nous divise le moins, mais qui nous rapproche le plus.

Seule, elle a l'avantage, n'étant pas le gouvernement d'un parti, d'offrir à tous un terrain commun pour travailler de concert à relever notre pays. Seule, elle ôte toute apparence de légitimité aux revendications violentes en ne leur laissant aucun prétexte. Une solution monarchique de la question constitutionnelle serait un ajournement de la Révolution : la République en est le couronnement.

FIN

Paris, — Imprimerie de E. Martinet, rue Mignon, 2.

www.ingramcontent.com/pod-product-compliance
Ingram Content Group UK Ltd.
Pitfield, Milton Keynes, MK11 3LW, UK
UKHW020405250726
13967UKWH00005B/2475

9 782011 764058